Ruth

Ruth

Ruth

Ruth

Ruth

Ruth

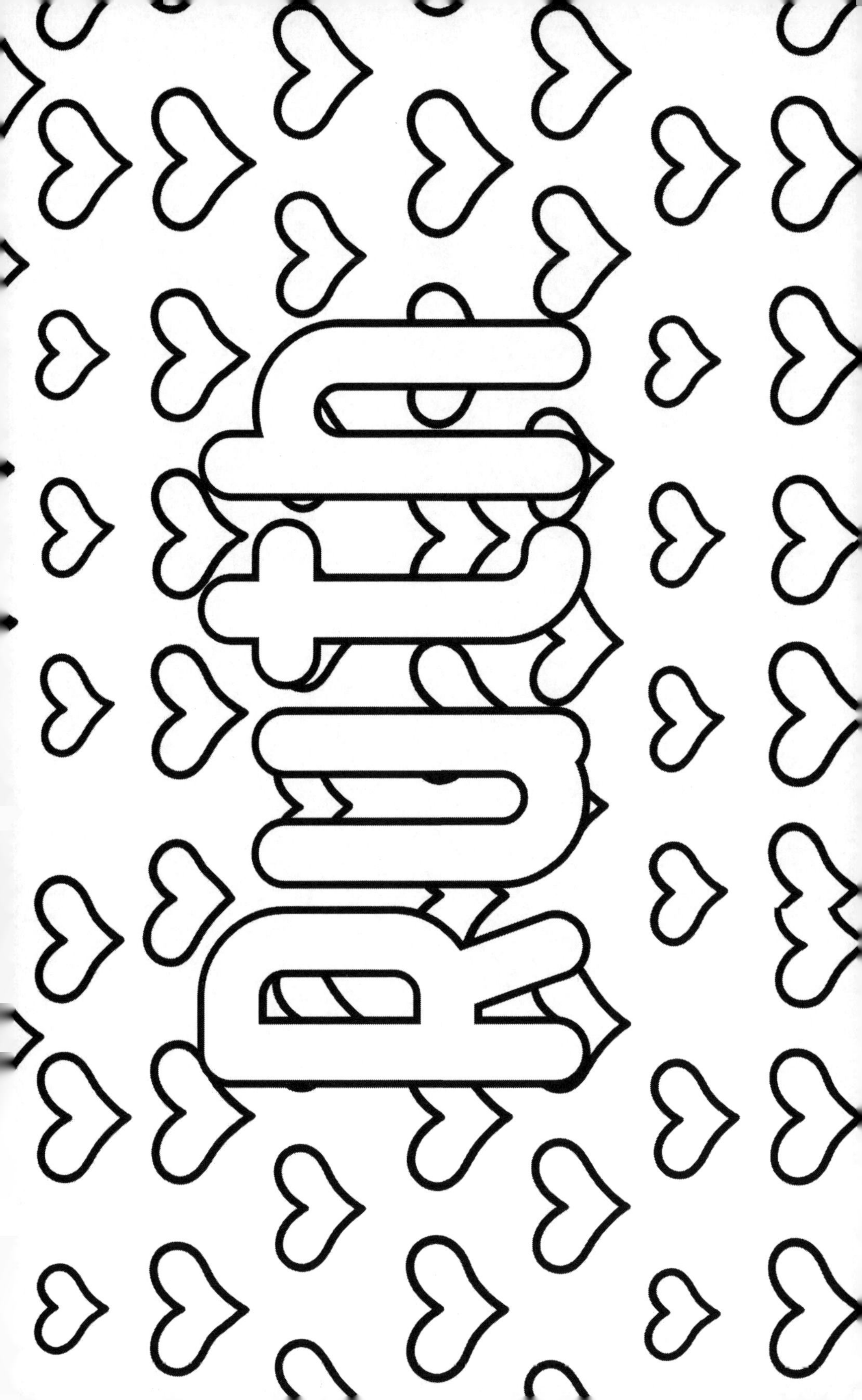
Ruth

Ruth

Ruth

Ruth

Ruth

RUTH

Ruth

Ruth

Ruth

Ruth

Ruth

Ruth

RUTH

Ruth

RUTH

Ruth

Ruth

Ruth

Ruth

RUTH

Ruth

RUTH

Ruth

Ruth

Ruth

Ruth

Ruth

Ruth

RUTH

RUTH

Ruth

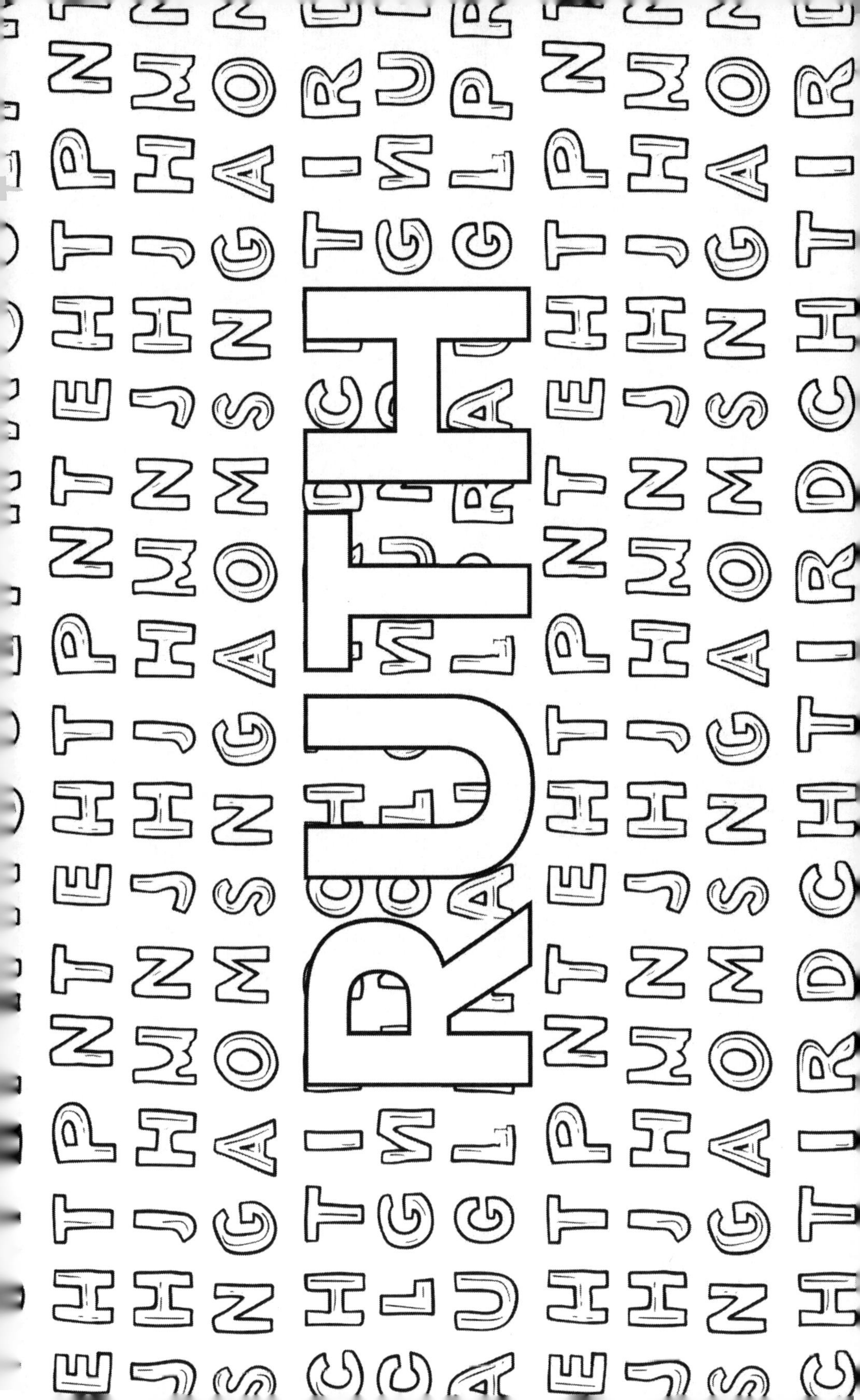
RUTH

Ruth

Ruth

Ruth

Ruth

Ruth

Ruth

Ruth

Ruth

RUTH

RUTH

Ruth

RUTH

Made in United States
Troutdale, OR
12/13/2024

26351188R00058